JN440630

그대 점 하나
그리고 싶다

전성재 두번째 시집

오늘의문학사

그대 점 하나

그리고 싶다

소전 전성재 시인 캐리커처

■ 서문

아름다운 소리 들으며 멋진 꿈을 그리는
행복한 순간을 좋아합니다
가슴 울리며 진한 감동 선사하는 사슴 같은
글을 만나면 행복합니다
당신에게 주는 한 줄의 선율, 그 연주가
나에겐 너무나 행복합니다
희노애락애오욕의 감정들을 용해하여
아름답고 단아하고 멋진 사진들을
오늘도 찍고 싶습니다
그런 날이 행복합니다
그런 날을 자꾸만 만나고 싶습니다
부족하지만 행복 표현 재능 주신 부모님과 가족을
너무나 사랑합니다
그리고 모든 분을 사랑합니다
그러면, 오늘도 행복이란 선물을 주우러
어디론가 떠나렵니다.

2012. 9
소전 전 성 재

차례

제1부 꽃잎 사랑

제2부 구절초 사랑

제3부 바다가 그리운 집

제4부 가슴으로 울었다

1부
꽃잎 사랑

그의 시는 착하다.

그의 시는 때가 묻지 않았다.

어떻게 지천명을 넘기고도 속세에서 깨끗하게 살아 남았을까.

그 비결이 자못 궁금하다.

한결같이 그 순수함을 잃지 않길 두손 모아 빈다.

— 김낙필 시인

고백

쭈뼛 쭈뼛
서성이다 돌아선다

눈으로 가슴으로 읽지만

얼굴 붉어질까
마음 상할까
개울 물 건너지 못한다

익숙해진 사변
반복이지만

오늘은 용기 백배
마중물* 쏟고 싶다.

* 마중물 : 큰 물 길어 올리기 위해 한 바가지의 물을 펌프에 붓는 물.

그녀 이름은 모른다

참 곱다
어쩜 그리 이쁠까
포근히 안겨 올 듯
홍조 띤 얼굴에
분홍 빛 모자까지
넘 아름답고 우아하다

뭇 사내들
가만두지 않을 듯
겁이 난다

이리 봐도
저리 봐도 군계일학
낭창낭창 흔들림에
모두들 쓰러진다

향기는 어떨까
언제쯤 만개할까
항상 청춘일까
어디서 왔을까

오호라,
그녀 이름은 모른다.

이런 날 저런 날 행복한 날

이런 날 있었으면 좋겠다

빗물 받아 쌀 헹궈
노을 퍼다 불 지피고
손닿는 대로 야생초 뜯어
찬거리 만들어
심심하면 눈물 한 방울
간을 맞추고

그런 날 있었으면 좋겠다

산머루 오디 따다 간식 하고
옥수수 꺾어 새참 열어
달 뜨면 반딧불이 초대해
별과 함께 달과 함께
사랑 불러 재잘대다
아침 해 만났으면

그런 날 있었으면 좋겠다

사랑아 이런 날 저런 날
이게 바로 행복한 날 아니겠니.

어느 별에서 왔을까?

칼끝 아픔 호소하며
삭풍 에이는 긴긴 밤
홀로 지새는 그대는
정녕 야인인가요?

어둔 터널 속 빠져 나오려
사력 다해 발버둥쳐도
침침한 그 자릴 맴도는
그대는 정녕 야행성인가요?

밤 깊을수록
새벽 온다 했건만
오지 않는 순간일지라도
내 한 몸 불살러
이 밤 밝힐 수 있다면
빛나는 등신불 되리오

타다가 타다가
잿빛 부스러기 한 조각
불씨로 남아

못다 푼 이승의 한
갈무리 된다면
기쁜 눈물로
사그러질테요

까맣게 타버린 생
풀지 못한 어둠
한 가닥 빛줄기로
인도하는 그대는
정녕 어느 별에서 왔나요?

사랑하면 섬으로 가자

실바람 타고
작은 섬으로 가
바알간 일출 붙잡고
내 가슴 달구면

선홍 빛 사연 속으로
그녀 들어와
붉은 입맞춤으로
열창한다

싸한 갯내음
짭조름한 바닷가
갈매기
횡설수설 몸짓 하면

부끄러운 노을
구름 속으로 숨는
사랑이 숨쉬는
작은 섬으로 가자.

실루엣으로

환하게 웃어주던 모란꽃 그녀 모습
하 세월 흐른 지금 한번 더 볼 수 있다면
긴 옹이 멍울진 가슴 새살로 돋아날 텐데

잊으려 잊으려 해도 지우려 지우려 해도
자꾸만 일어나는 그 향기 애절함이여
이제는 잊어야 하는데 또 다시 흔드는 그녀

인연

좋은 날보다

모질도록
힘겹게 살아가는
인생길에서

어느 날
심겨진 씨앗의
주인공을 만난다

무심코 심겨진 씨앗

세월 흘러
동앗줄 마주 잡게
될 줄이야.

사랑 2

사랑을 가지고 놀면
상처로 남고

사랑을 멸시하면
우울해지고

사랑을 우러러 보면
아름다움이 되고

사랑을 이별하면
추억으로 남는다.

마음에 꽃물 들었어요

꽃 바라기 춤추는 해안길 따라
살짝궁 살짝궁
어깨선 들썩이니
두근대던 내 마음
꽃물이 들어요

바람결에 손 내미는
그대 음성 들으니
노랗게 물든
내 마음도 함께
모시처럼 나풀거려요

그대와 함께
수놓은 비단길
벌꿀처럼 달콤한 이 순간
꽃바람에 실려
두둥실 하늘을 날으니

내 가슴에 지지 않을
분홍 빛 꽃물이
살포시 들었어요.

별과 꽃

그대는 나를 별이라 하더니
꽃이라 한다

하늘 별은 그리움과 사랑이
올라가 핀 꽃이요

땅에 핀 꽃은
눈물과 애절함이 환생한
영롱한 별이다

오늘도 그대는 나를
별이라 하더니
꽃이라 부른다.

칸타빌레 아라리

차라리
목줄에 핏대 세워
괴성이라도 좋으니
목 놓아 질러 버리고 싶다

차라리
큰 눈망울에
금방이라도 쏟아질 듯
그렁그렁 매달리기보다
시원스레 퍼붓고 싶다

아라리
아라리
아라리요

이러지도 저러지도
못하는 안타까움을

가슴으로
가슴으로 삭이니

까만 숯덩이만 하나 늘고
이마엔 온갖 풍상
흔적으로 남아
금 줄기 하나 더 늘었으니

그리워하는 내 마음
혼이라도 불러
아름다운 선율로
수를 놓고 싶네

아라리
아라리
아라리요
칸타빌레 아라리요.

꽃잎 사랑

하나 둘 속삭이는 보슬비에
그리움 젖어들면
울렁대는 가슴은
사랑이란 그물 속으로
소리 없이 갇혀 들어

꺼지지 않는 노을 빛 고운 순정으로
은은하게 타올라

누구도 그리지 못하는
한 떨기 꽃잎처럼
하얀 도화지에
사랑으로 채색 되어 간다

님이여,
내 가슴에 내려앉은
그리움이여

이젠 하나 둘 쌓인
그대 이름 부르노라면

어느덧 화사한
꽃으로 피어나
아롱 아롱
내 가슴에 영원한 향기로
살아 숨쉬네.

사랑은

사랑은 언제나
사랑한다고 말하지 않습니다

다만 설레는 마음
가슴에 새기며
그리움으로 엮어갈 뿐입니다

가슴보다 생각이 앞선 사랑은
사랑 그 자체의 본질 보다는
교묘한 꾀를 부린다는 것입니다

가슴보다 입을 통한 사랑은
정리 되지 못한 무절제한 사랑을
남발한다는 것입니다

사랑은 누구나 할 수 있는 본능이지만
서로가 존중하는 참 사랑을 만들어 간다는 것은
무던한 노력과 희생과 절제를 동반하는
너무나 고귀한 선물이랍니다

사랑은 사랑으로 치유되며
사랑으로 가꾸어 가는
귀중한 하늘의 보배이기 때문입니다.

시클라멘

수줍고 편안한 사랑 시클라멘
우아한 꽃대 올리며
뭐가 그리 미안한지
고개 숙여 정성 다하는 모습
목련꽃처럼 하이얀 속살
남김없이 바치는 그대는
천상 여인이다

포근한 미소 지며
날 부르는 모습
단번에 사랑 휘어잡는 마력은
태생학적 이유 있겠지만
오랜 시간 갈고 닦은
여인의 정성일 것이다

쳐다만 봐도 안기고픈 그대
진한 향기 없지만
아름다운 모습은
날씬한 미소보다
넉넉한 사랑의 품일 것이다

어쩌면 좋을까

산 넘고
물 건너
다리 건너서
갈 길 갔다네

왜 산 넘었냐고
왜 물 건넜냐고
다그치기만 한다네

쉬었다 가겠노라
한 숨 돌리니
왜 쉬냐고
역정부터 낸다네

무슨 답 있을까
어찌하면 좋을까
첩첩산중이네.

편지함

어느 날부터
오가는 사이
내 시선 머물고

덩그러니 빈 공간
먼지만 반길까
그냥 지나친다

빼꼼히 고개 내민
봉투만 보여도
두근 두근
내 가슴은
용두질친다

언제부터인지
내 맘속엔
매일 배달된 꽃 편지

우리 집 편지함엔
오늘도 썰렁한
찬바람만 누워 있다.

슬픈 여로

어디쯤 갔을까
가는 발걸음
얼마나 가벼울까

아무 일 없는 듯
사뿐 사뿐 나는 저 새도
얼마쯤일까
과감히 회항하는데
한 걸음도 백리 길
무거운 발걸음
뒤도 없이 시간 속으로
태연히 사라져만 간다

슬픈 후회 안으며
또 다시 회한이란 두 글자
또렷이 새길진대
몸 따로 맘 따로
지친 여정을
꾸역 꾸역
잘도 삼킨다.

가라 했더니

쓸쓸히 돌아서는 마음 따라
어느새 한 움큼의 눈물이
바다를 적신다

가려 해도
잊으려 해도
못내 뿌리치지 못하고
매정하게 돌아서지도 못하고

내 마음 나도 모르게
어느새 네 흔적 따라
발길을 더듬는다

싸늘하게 뿌리친
그녀 마음도
냉정하게 돌아선
그녀 모습도
본마음 아니란 걸 알기에

잊어야 하기에
잊기 위해서
나 아닌 나로
돌아서는 데도

나 또한 그녀보다
더 그녀를 사랑하기에
돌아설 수 없었다

가라 해도 가지 못하고
오라 해도 오지 못하고

저 만치 쓸쓸한 공터에서
애절히 그녀만을 그리며
어제도
오늘도
서성이고 있다.

창가에 떨어지는 외로움

바람까지 불더니
살갗이 울기 시작한다
따스한 차 한잔 받쳐 들고
창가에 앉아
흘러간 팝송과
사랑을 토닥인다

오늘은 나를 위로하는 날
어둠이 함께하고
거실의 백열등
스텝을 밟는다

창밖엔
굵은 빗줄기
내 맘을 대신하고

가버린
사랑에게 보낸
부치지 못한

내 맘의 연서가
이 밤의 가운데에
음악과 함께
아린 가슴을 물들인다

혼자 있는 이 밤
그렇게 눈물 저리도록
슬픈 아름다움일 줄이야

2부

구절초 사랑

시의 생명은 무엇인가?

시를 읽고 느낌이 와 닿을 때 시는 생명의 의미가 부여된다. 사람의 감정을 움직이지 못하는 시는 시라고 할 수 없다.

〈으랏차차 / 꿈쩍 않던 시간이 술렁인다〉. 두 줄만 가지고도 느낌을 확 전달해 주는 전성재 시인이야 말로 생동감 있는 시를 쓰고 있어 좋아한다.

— 박가월 시인

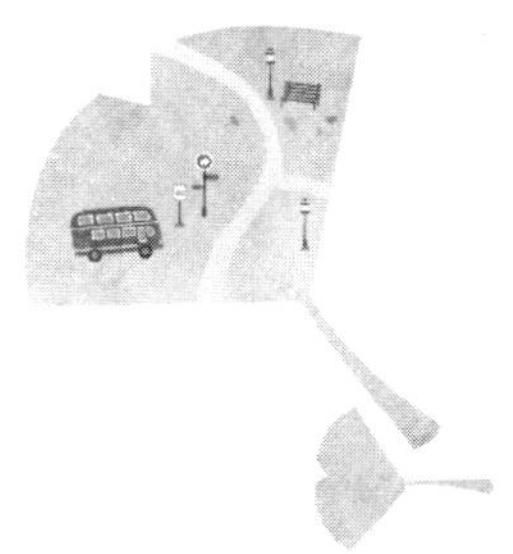

꽃 마리

연한 하늘가
무수히 많은 별처럼
꽃 피듯 흩뿌려진 네 모습

맨 얼굴 보여주기 싫어
몰래 숨어 핀
작고 여린 여인아

어쩜 이렇게
담백한 아름다움일 수야

넌 천상 수줍은 여인
한국판 물망초!

희망

— 기다리는 봄

우짜면 좋노
똥 마린 강아지 마냥
이리 폴짝
저리 폴짝
어수선하기 그지없다

사방은
잿빛처럼 을씨년스럽고
한 줄기 따스한 빛
앙탈을 부린다

우짜면 좋노
쥐구멍에도
볕 들 날 있다는데
끈 놓지 말자

틈 있는 곳 빛 찾아 들고
흙 있는 곳 숨쉬잖은가

은은한 난 향
덤으로 맡을 날
반드시 오리니

희망의 싹
틔워야 하잖은가.

꽃 자리

잡목 우거진 버려진 자리
햇빛마저 그리운
무성한 음지 한켠
누구도 예상 못한
빨간 꽃 한 송이
새색시 립스틱 바른 듯
활짝 웃는 모습으로 서 있다

빛나는 홍일점
단연코 군계일학
하필이면 그 자리
인력으로 상상 못할 오지

찬란하게 꽃 피워
세상 논리 뒤엎고
변명 토하는 게으른 자
꼼짝 못하게 붙들어
누구도 찾지 않는 흉터를
기어이 명당 반열에
올렸어라.

어머니 1

엄마는 그랬었다 예전엔 몰랐었다
깍두기 하나라도 자식 목 넘겨주고
당신은 잔밥 기다려 맹물 말아 드셨네

이렇게 천치 같은 불효자 또 있을까
한번쯤 모자지간 뒤바꿔 해봤으면
어머니 생각만 하면 속가슴이 욱니다.

어머니 2

곱디고운 호 시절 자식에게 돌려주고
이제는 곡기마저 자식 목 넘겨주니
목심 줄 강철이라도 배겨 날 일 없어라

진자린 당신 자리 마른자린 새끼 자리
뭐든지 요목 조목 좋다는 건 자식 생각
당신 몸 태워서까지 자양분 만드누나.

석류 2

무뚝뚝하고
앙칼진 그녀

사춘기 지나
부끄러운 듯
선홍 빛 혈색
터뜨리더니

이제야
알알이
따스한
이야기 보따리
풀어 놓는다.

바닷가

온종일 시끌벅적 은모래 빛에
사랑을 태우고 추억을 물들이고
시간이란 튜브에 젊음을 띄우는 바다

해질녘 아쉬움에 피로를 달랠 쯤
철썩철썩 그리운 발걸음 돌리면
가난하던 바다 그대들의 숨소리
어느새 황혼을 부른다

누군가 시간이란 경계에
굴레를 씌웠을까

밤이나 낮이나
바다는 뜨거운 젊음 그리고 정열
밤바다 파도 소리는
더욱 왕성한 이팔청춘

바위섬 모퉁이 돌고 돌아
하얗게 부서지는 파도 소리는
오늘도 하루의 젊음을 잠재운다.

욕망

먹어도
먹어도
허기진 삶이여

채워도
채워도
부족한 욕망이여

배워도
배워도
풋내 나는 영혼이여

언제쯤
포만감으로
한번은 숟가락
쉬어 갈 수 있을까

욕심이려니
사욕이려니

비워지지 않는 인생이여.

그 사연

밤새 기다린 하얀 그리움을
쉼없이 내리는 빗물에 적셔본다
새록새록 살아나는 깨알같은 추억들
달콤한 꽃 무늬 편지지에
가지런히 펼치고서
바알간 장미꽃 연정으로 수놓아 본다

한뜸한뜸 그려지는
희노애락 사연들
바늘코에 매달려 추억을 새기고
십자수 둥근 판에 담긴
아련한 사랑의 울림들은
그리움의 조형으로
소롯이 내게 안겨온다

긴 세월 아롱진 그물 같은 그 사연
쏜살같이 달려와
잊지 못할 애틋함으로
오늘도 긴긴 밤
하얀 눈물로 적셔든다.

낙엽처럼

허공으로 날리다가
빙그르르 돌다가
직각으로 하강하다가

그렇게
그렇게
어느 곳엔가
홀로 남겨져

자연의 이웃들과 웃으며
원점으로 사라져가는
행복 이야기처럼

그렇게
그렇게.

가을엔

달려갈래요
달려갈 겁니다

한 움큼
그리움 싣고서
하염없이 달릴 겁니다

이대로 멈추진
않을 겁니다

하얀 도화지에
수채화도 그릴 겁니다

바알간 가슴에
그리움도 새길 겁니다

이대로 멈추진
않을 겁니다

그리고,
그리고,

동그란 추억
마알간 점 하나
선명히 채울 겁니다

이 가을엔…

그리움 속에서

몽실 몽실 피어나는 그리움 함께
추억 한 움큼 눈물 한 조각 들고서
가슴 깊이 새겨진 그대 내음도 풀어
어제 간 그 길을 오늘도 걸어 본다

그대와 함께한 희노애락 사연들
발자욱 숨소리마저도 깊은 흔적으로 남아
오가는 길 일상 속에서
자꾸만 눈물로 샘솟는다

잊어야 한다지만 잊혀지지 않으니
세월 흐르면 세파에 묻혀질 건가
추억으로 쌓이면 바람결에 날아갈 건가
스쳐 지나는 손님으로 남아 미련마저 가져 갔으면

하루를 산다는 건

오늘의 일기는
꽃이 피고 꽃이 지는 것이다

꽃은
환희와 열정
그리고 슬픔이 혼재 되고 정제 되어
성스러운 역사로
탄생 되는 순간이다

오늘도 시간은
소리 없이 소멸 되어 간다
그것은 또 다른 기쁨을
만들어 내는 마술이며
무엇인가 염원을 부르는
요술이다

하루를 산다는 건
자신을 소리 없이 태우는
역사이며
영원으로 초대 되는
향기로운 꽃이다.

어쩌면 좋을까

가슴 한켠 자리한
짙은 그리움에
해맑은 행복 찾아올까나

채워도 채워도
허기진 그리움 하나
슬픈 칸타빌레로
노래해 볼까나

가슴 속 웃자란
구구절절 사연들
달빛으로 풀어볼까나
소나기로 쏟아볼까나

상큼한 음악 만나도
멋드러진 여행길 올라도
공허한 가슴 한켠
채울 길 없어라

세월 짙을수록
깊어가는 그리움 하나
가슴속 포근히 보듬어
자장가로 달래나 볼까나
달빛 속으로 하염없이
걸어나 볼까나.

벌초

해마다 가는 길
이름 모를 잡초 덤으로 아수라장
헤쳐가는 발걸음 길을 만들어
에둘러 그 자릴 잡아
서슬퍼런 예초기 시동 거니
몇 달 굶은 야생 동물로
으르렁거린다

한참을 술 취한 난봉꾼 되어
예초기 휘둘러대니
놀란 조상님 간 데 없고
마알간 봉분만 살아난다

푸석한 봉분
흔적 없던 좌판
음식 차려 예 올리니
그제야 기침들 하셨는지
예전같이 화기 돈다

한참을 옛 이야기 나누며
담배 한 대 올리고
저승엔 없을 술 한 잔 권하니
바알간 취기로 웃으시며
찾아준 효심에
넉넉한 가슴 용서 주신다.

가을 속에서

하늘 빛 가리워진 무채색 창 너머로
한줄기 쪽빛 바다 그리움 새겨 넣어
불러 봅니다 자꾸만 그려 봅니다

긴 세월 언제쯤 이별 했나 기억을 더듬어도
어렴풋 남은 흔적 오간 데 없고
추억 저편 남은 딱정이만
코끝을 건드립니다

바람 불어 흩날리는 낙엽 소리 들으며
그 때 그 흔적 더듬어 보지만
빈 가슴만 메아리 되어
슬픈 울림으로 돌아올 뿐

겹겹이 쌓인 그리움
임자 없는 가슴골에 갈색 흔적으로 남아
오늘도 매정하게 스산한 외로움으로 남습니다

벽난로 속으로 타들어 가는
장작더미의 외침 소리가

메마르게 타는 내 마음 소리와
왜 이리 닮았을까

오늘도 어김없이
해질녘 가을 소리는
스산한 빈 가슴으로 남아
소리 없는 눈물샘으로
울려옵니다.

구절초 사랑

따스한 사랑
손 내밀어 내 마음 가져 가고
구슬피 우는 풀벌레 소리
황혼 들녘 훔친다

긴긴 그리움과 사랑
마디마디 절절한 내 마음
누가 알리오

언제나처럼 내 마음 두둥실
창공을 날아
숨겨진 보석 찾으러
헤맨지 몇 해
이젠
백발이 날 먼저 찾는다

기력 쇠한 눈마저 아른거릴 때
어디선가 하이얀 미소
빛을 발하고
들뜬 나의 체온

가을이 어루만진다

견우 직녀 부러움 뜨는
그리움과 사랑
아홉 구비 돌아서며
이제야 해후

거짓말처럼
드넓은 광야에서
행복의 눈물 탑 쌓으리라.

그리움 6

— 사랑의 시작

그리워한다는 건
가슴 속 옹달샘이
보글보글 끓는다는 것이다

맑고 투명한 물 위에
그리움의 낙엽 하나 떨구면
뎅구르르 동그라미 사랑
메아리 되어
애절히 노래를 부른다

오늘도
너에게 보낼
한 줄의 보고픔을 그리려
한 나절 기다려도
보고 싶다 그립다는 말 외에
아무것도 그려지지 않는 나

이대로 하얀 밤을 지새도
그대를 가슴에 품고

그대 그리워하는
설레는 마음

먼 달빛 속에 내 얼굴 묻고
흘린 눈물만큼이나 애절해진다

그리움은
사랑의 시작인가 보다

산언저리 걸린
달빛 속으로
하나씩 둘씩
내 가슴의 그리움을
걸어 놓는 것인가 보다.

그리움 7

— 그대가 보고파

나만 그리워하는 건 아닐까?
밤 늘 구름 위에 올려진
동그란 보름달

그리움 쌓일수록
한 움큼씩 잘려 나간다

몇 날이 지났던가
오늘은 초승달 되어
그대 눈썹으로 남아
내 가슴을 또 두드린다

흐르는 구름도
내 맘 알아
그대 모습 잊게 하건만
가슴속 내린
그대 환상은
누가 달래나요

나만 그리워하는 건 아닐까?
터벅터벅
고개 숙여 걷는
고요 속의 가을 밤거리

가로등 불빛마저
그대 그림자 되어
눈물로 내 곁을
따라 걷는다

스르륵 소리내어
떨어지는 낙엽과 함께
바람이 전해주는
그대 체온은
나만의 환상일까?

오늘도
그대 맞으러
정처없이
이 밤을 걷는다.

여흥

들어설까 말까
서성이다 보면
후회도 한다

누군가 축포 터뜨려
삐에로 되면
잠자던 끼
산발처럼 타오르고

흠뻑 젖어 풀고 나면
막힌 체증
속까지 후련타만

누구나 마음 속
양반 한 분 모시고 사니
못된 광대 흉보기 일쑤라

좌중에선 사주 경계
속앓이 하느라
허탕 치기 일쑤다.

3부
바다가 그리운 집

나름 댓돌에 홀로 앉아 먼 곳을 응시하는 관조의 시선을 갖기도 하고 가녀린 순수영혼의 시품을 보이다가도 묵직하게 오브제의 복판으로 돌진해가는 돈키호테 시인이기도 하다는…

— 강희창 시인

밀양 소곡小曲

그대, 밀양은 잘 다녀왔는가
조금은 때 이른 무더위에 지치진 않았는가
산야의 푸르름이 오가는 발걸음 잡진 않았는가

그대, 밀양은 잘 다녀왔는가
뜨거운 햇살이 사랑만큼이나 달콤하진 않던가
매끄러운 아스팔트가 비포장 흙길보다 불편하진 않던가

그대, 밀양은 잘 다녀왔는가
멀리 있어도 지척에 있는 듯
몽실 몽실 그리움 솟을 땐
막걸리 벗삼아 이야기보따리 풀며
하루해 붙잡고 아리랑을 부르고 싶소

그대, 밀양은 잘 다녀왔는가
가지산 넘나드는 길목마다 그리움이 부르진 않던가
꼬불꼬불 배내길 헤쳐 갈 땐
지난 인생 길 생각나지 않던가

그대, 밀양은 잘 다녀왔는가!

길 1

길이란
떠나는 사람을 위해 남겨진
세상의 흔적이며
돌아올 사람을 마중하는
기다림의 징표다

누구나 왔다 가면
흔적을 남기고
돌아올 기약 위해
징표를 남긴다

어디에나 길은 있다
잘 다듬어진 매끈한 길
울퉁불퉁 험한 길
어디서든
길은 뽐내지 않는다

매끈하면 매끈한 대로
험하면 험한 대로

빠르든 더디든
사람들은 길을 찾아오고
그 길을 떠난다

그 곳에 길이 있기 때문이다

지친 갈마터널

갈마치 미간 아래
검은 동공 두 점
서울 가는 길
광주 오는 길

하루도 조는 날 없이
옛 일 그리며
껌벅 껌벅 서 있다

비 오는 오늘도
어김없이 줄지어선 자동차
쫓기는 조급함일까
과로한 탓일까
미동 없이 늘어진 채
코를 곤다

옛 말(馬)은 쉬어 가며
물 한 모금 곡기라도 채웠을텐데
철마(自動車)는
허기에 지친 건지

기수 가슴을
까맣게 불태우고 있다

뚜벅 뚜벅
쉼 없는 비가 내리는 오늘
지친 갈마터널*은
옛 말(馬)을 그리며
촉촉한 눈가를 훔치고
울며 서 있다.

* 갈마터널 : 행정구역상 경기도 광주시 삼동에 위치하고 있으며, 성남시와 광주시를 연결하는 3번 국도상의 터널임.

광교산 1

녹색 띠 소복히 내려앉은 광교 저수지를 돌아
말없이 누워 있는 시루봉을 쳐다보니
신갈 나무 미소 지며 발걸음을 재촉한다

사방댐 지나 절터에 걸터앉은
약수 한 모금에 절은 몸을 달래고
꾸벅 꾸벅 숲길 따라 몇 숨 조절하니

여인네 수다 떨 듯
삼삼오오 모여 앉은 억새밭
부끄러워 황급히 발길 돌리니
날쌔게 도망치듯 길목에 자리 잡은
토끼재가 반긴다

한참 서성이다 한 숨 돌리며
수수한 갈바람에 묵은 티 털고 나니
노린재나무 덩달아 몸을 턴다

물박달 나무 가지 사이로
싱그런 가을 햇살 받으며

터벅터벅 439 계단에 몸을 뿌리니

울긋불긋 물 오른 갈잎들이
식은 몸뚱아릴 감싸주며
노랑 빨강 정성껏 치장해준다

황급히 지나던 다람쥐 한 마리
시샘하듯 날 비웃지만
행복감에 젖은 오늘
광교산*의 오후가 하루를 갈무리 한다.

* 광교산(光敎山)은 경기도 수원시 장안구와 용인시 수지구에 걸쳐있는 높이 582m의 산으로 백운산(564m), 바라산(428m), 우담산(425m), 청계산(618m)으로 이어주면서 수원과 용인을 아우르는 산이다.

하늘공원

세상 더러운 모든 것들
산더미로 쌓이고 뒤엉켜
숨 쉴 수조차 없는 악몽의 구렁텅이

어느 날부터
배시시 웃음 짓는 들풀과 야생화가
끈질긴 생명의 수를 일구고 있다

극과 극은 통한다 했던가
더 이상 갈 곳 없는
오물 단지 위에
하나 둘 신의 축복이
새겨진 생명들
움트기 시작 했고

화사한 청사초롱 손잡으며
291계단 숨가쁘게 하늘로 오르니
바람개비 춤추는
하늘공원*이어라

이름 모를 들풀과
야생화의 지상 낙원
누가 이곳을 오물 공원이라 했는가

극적 반전의 전당 하늘 공원
인간의 지혜가 만들어낸 걸작품
오늘도 바람 따라 춤추는 억새가
사람들을 맞이한다.

* 하늘공원은 난지도 제2매립지에 들어선 초지(草地) 공원입니다. 제2매립지는 한강 상류 쪽에 위치한 곳으로 면적은 19만㎡로 이곳은 난지도 중에서 가장 토양이 척박한 지역입니다.

사려니 숲 길

태초에 길 있어
붉은 융단 길 따라
오름에 드니
때죽나무 서어나무
참꽃나무 졸참나무
덩달아 길 나선다

태초에 길 있어
자갈자갈 송이 길 따라
오름 속 헤쳐 가니
산수국 더미 두 팔 벌려 반기고
노둣길 건너니
한라산 어후오름에서 발원된
천미천이 때묻은 객을
씻어준다

숲은 변하고 움직이더라
천이 되고 교란 되어
오름 속에서
극상으로 만개하니

이 또한 오늘이
기쁘지 아니한가

사려니* 숲 길!

그 옛날
테우리와 사농비치가 거닐던
아득한 제주 들녘 속
신선이 노닐던
극락의 길 아니던가.

* 사려니 : 살안이 혹은 솔안이라고 불리는데 신성한 곳 또는 신령스러운 곳이라는 신역(神域)의 산명(山名)에 쓰이는 말이다. 즉 사려니는 "신성한 곳" 이라는 뜻이다.

바다가 그리운 집

석모도가 그리워하는
그이의 집은
바람이 쉬어가는 곳
친구의 발걸음이 머무는 곳

붉은 낙조가 강화를 물들일 땐
외포리 선착장 나그네 불러
너는 국화차
나는 황차를 만들고
밤새 지내온 이야기 우려내며
마음을 토닥이는 곳

검정테 안경 너머
활짝 웃는 주인장 조 시인도
오늘따라 비를 불러
그리움을 우려낸다

그리움은 비를 만들고
비 속에서 우러난 우정은

황차보다 진하다

집 앞뜰 유유히 서 있는
일곱 그루 적송은
바다 건너 석모도를 부르고
뱃길 따라 흐르는
선착장을 굽어보며

오늘 찾은 친구 맞으며
바다가 그리운 집에
뚝 뚝 눈물 흘리며
등신불로 서 있네.

길음동 가는 길

긴긴 세월 희노애락 사연 담은
애증의 눈물 고개 넘어
길음동 가는 길은
인생의 풍금 소리 절로 울던
구슬픈 길

길음동 가는 길은
삶의 질곡 아리하게 춤추던
질편한 길

길음동 가는 길은
종로 지나
혜화동 로터리
삼선교 거쳐
돈암동 다다르면
맛있게 구워낸
태극당 곰보빵 쳐다보며
한숨 돌리고

짐짝 싣듯 가득 실은 84번 버스
아픈 다리 절룩이며
눈물 젖은 미아리 고개 넘더니
길음동 육교 밑에 하나 둘
그림자 껍데길 쏟아낸다

축 처진 몸뚱아리 어깨 추스리고
김 빠진 가방 끈
손가락에 간신히 매달린 채
길음 시장 입구에 걸리면
여기 저기 질펀한 시장통 삶
모두 모여 노래 부른다

모락모락 김나는 구수한 찐빵 집
엇갈린 인생 꿰매듯 털털한
재봉 소리 들리는 수선집
새파란 소주병에
고소한 인생담은 할머니 참기름집
하루해 걸어

때묻은 시간 들이키는 왕대포 집
바다 생선 모두 모여 춤추는 어물전

길음동엔
길음 시장 있어 좋다

길음 시장엔
세상 소리 모두 모인 좌판 있어 좋다

길음동 가는 길은
세상사 인생길이다

길음동 가는 길은
미래를 여는 사관(史觀)길이다.

달 항아리

조선 백자여
희고 웅대한 우주여

백의민족 기상으로
한 아름 민족혼을 담았어라

부드럽고 푸근하며 날렵한 매무새
깔끔하고 정갈한 우리네 여인처럼
풍성한 사랑담아 아낌없이 주는 민족애

은은한 보름달도
빛나는 태양도
천년만년 보듬어 줄
희고 웅장한 백의민족 이어라

그대는
우리 민족의 성품
마르지 않는 사랑이어라.

3일

오늘이란
살아있는 날
오감의 느낌 공간이다

어제란
지나간 시간
소멸된 청춘이다

내일이란
어제와 오늘이 맞이할 미래 손님이며
무언가 꼼지락거릴 꿈의 날이다

그저 그렇게 보내고
떼워 가고
허망하게 지낼 3일이라면

죽음조차 아깝고
생명이라 부를
존재와 가치마저
논하지 말아야 한다.

그대 점 하나 그리고 싶다

오늘 이 길 걸으니
바람 스치는 기운에
낙엽들 둘러 앉아
그대 이름 부르며
하나 둘
그대 점 하나 그리려 한다

오늘 이 길 걸으니
흔들리는 기억 속으로
또렷이 사라져가는
그대 체온 느끼며
하나 둘
그대 점 하나 그리려 한다

오늘 이 길 걸으니
희미한 가로등 불빛 아래
가슴 속 묻어둔
그리움 되살아나
하나 둘
그대 점 하나 그리고 싶다.

2009 세계 도자 비엔날레

철쭉 꽃 붉게 타오르는
설봉산 자락

지구촌 도예인, 도자들 모두 모여
사색*의 조화 이루는
형형색색의 도자 잔치 마당

동서양 피부색은 달라도
흙으로 빚은 도자는 하나

탄성과 경이로움의 새 세상
어찌 놀라지 않을 수 있으랴

흙의 요술인가
불의 조화인가
도자로 탄생된 신비의 요물

세계 도자 비엔날레*
"불의 모험" 잔치는

새로운 도자 세계의 웅대한

창조의 불꽃 마당이다.

* 사색 : 도자 탄생의 기본 소재인 자연의 흙, 불, 물, 바람의 4가지 요소.
* 세계 도자 비엔날레 : 경기도 이천, 광주, 여주에서 2년마다 개최되는 세계 최고, 최대의 도자기축제. (2009년에는 4. 25-5. 24일까지 30일간 열림)

그대가 먼저

그대 날 사랑한다면
한 걸음만 다가와 주세요

그대 만나고부터
술렁대던 마음은
파도처럼 요동을 칩니다

뒤숭숭한 가슴은 멀미 일고
육신은 열꽃 피듯 화끈거리며
어지럽기까지 합니다

그러하듯
다가서지 못하는 나약함으로
말 한마디 건네지 못하는 숙맥으로
종일 속앓이만 하는 위인입니다

그대 날 사랑 한다면
한 걸음 더 다가와 주세요
그대 생각 무엇인지
그것조차 알지 못하기에

그저 홀로 문답만 내립니다

한 걸음만 다가와 주세요
그대 날 사랑한다면.

약속

초하루 사랑은
보름달도 시샘하듯
몽글 몽글 꽃이 피고

그믐날 사랑은
한치 앞 못 보는
그녀 마음 토라질까
근심만 쌓인다

행여 내 마음 안다면
달 뜨고 달 지듯
설레는 그리
가슴에 안고서

파란 하늘에
하얀 글씨로
"사랑해" 라고 새기며
흔들리는 마음
붙들어 두었으면.

보고 싶다 친구야

불혹을 훌쩍 넘긴 세월의 엇갈림 속
그렇게 또 그와의 만남은
성사 되질 않았다

만날 수 있던 행사 때마다
항상 그는 보이질 않았으나
하필이면 오늘 그가 왔단다

그 옛날 그와의 추억어린 우정들
삶의 굴레 속 허덕임에
비켜만 갔던 만남

많이도 변했을 텐데
그냥 한번 보고 싶은 그였기에

그도 내 마음 같았을까
보고 싶다 친구야.

애타는 마음

언제 가려나
언제 가려나
황혼이 밀려오고
달 뜨면
아무도 몰래
내 가슴 보듬어
꽃구름 타고 가세요

언제 오려나
언제 오려나
해질녘
구름에 떨어져
내 마음 지치면
아무도 몰래
내 이름 부르며
꽃가마 타고 오세요..

기타 연주

가냘프고 올곧은 여섯 줄 사선 위
무뚝뚝하지만 재기 넘치는
다섯 공자님 걸터앉아
물 만난 고기마냥 한바탕 몸을 흔드니
희노애락 사연들 날 새는 줄 모르고
뒤풀이 하네.

빈집

오늘도 바람 불어
먼지를 남기고 간다

그나마 흔적 있어
얼마나 다행인 줄 모른다

발 디딜 틈 없는
온갖 잡초들로 잡념이
무성하다면
더욱 더 견딜 수 없을 것이다

내 마음의 빈집을
남기고 간 사람아

가끔은 선 잠 속
누군가 다가선 듯한
숨소리에 화들짝
놀라기도 했는데
기력 다한 듯
벌레 기는 소리도

이젠 소용없다

그냥 빈집에서
나의 흔적을 남기련다.

4부

가슴으로 울었다

풍광이 멋진 곳에 가면
눈에 담기도 바쁜 시간에
한쪽켠에 물끄러미 앉아
어느새 시 낚시를 즐기시는
다정다감한 詩 漁夫.
— 김영철 시인

얼굴

고향에 가면
거리마다
온통 그려져 있는
얼굴 얼굴들

고향에 가면
동네마다
온통 숨어 있는
얼굴 얼굴들

고향에 가면
어릴 적 친구 많아 좋은데

고향에 가면
어릴 적 향수 있어 좋은데

고향에 가면
나만 없어 외롭다.

담쟁이 1

네 손이 약손인지
구석구석 긁어주더니
뙤약볕에 살갗이 탈까
손바닥 받쳐 들고
요모조모 나신을
감춰 주기도 한다

발이 넓어
이집 저집
경조사 꿰뚫고 있더니
오지랍까지 더해
산새 들새 짐승과도
허물없이 지낸다

부지런 하기야
진자리 마른자리
마다않고
가는 곳마다

무성하게 판을 잘도 벌리고
담쟁이 가는 곳이
흙담일지라도
태풍과 비바람마저
울고 간다.

그림자 1

내가 서 있네
또 다른 내가 서 있네

적막한 산자락에
그리움 걸리면
어느새 달려와
내 곁에 서 있네

무뚝뚝하지만
말 없지만
언제나 소리 없이
내 곁에 있네

그대여,
소리 질러 봐
울부짖어 봐
그리우면 달려가 봐

앞서거니 뒷서거니
서성이지 말고

먼저 뛰어가 봐

가슴에만 품지 말고
뒤돌아서 울지 말고
먼저 안겨 봐

그대여,
미치도록 그리운 님이여.

한때

워이
워이

아무리 애써
설레발 쳐도

아서라

코 뀐 황소도
제 소리 토하며
제 갈 길 갈 때 있더라.

고민이란 놈

유유히 제 갈 길 간다
오가는 길 없어도
번지수 없어도
가는 곳 길이며
머무는 곳 집이다

취향도 기호도
애시당초 무시
제 길 제 곳이 궁전이다

어찌 그리 낯가림도 없는지
변죽도 일품
부시시한 게 속도 없이
앉으면 다산이고
부럽기도 하여라.

속옷

나는 속옷 한 벌 입는다
고급 싸구려 가릴 것 없이
편안한 한 벌이면 그만이다

세상엔 각양각색
속옷들 많더라

속옷 투구 삼아
창과 방패로 무장한
사람 많더라

주요 부위 들킬까봐
한 겹 더 입는 사람

깨끗한 척 으시대며
나대는 사람

세상은 요지경

나는 번듯한 겉옷도 싫다

진득한 아주 편안한
속옷 한 벌이 좋다.

가슴으로 울었다

— 뮤지컬 명성황후 참관기

나도 밉고
이 나라도 미웠다

열강들 틈바구니에서
시달려야만 했던 조선
그 댓가로 짓밟힌 강토와
국모가 살해 되는
천추의 슬픔

누구를 탓해야만 하는가
나도 밉고
이 나라도 미웠다

일어나라 조선의 백성들이여!
일어나라 조선의 백성들이여!

가슴으로 외치는 뜨거운 구호가
심장을 두드리지만
언제나 그렇듯

정파의 이익 다툼과
밥 그릇 싸움에

나라는 사분오열
이합집산 되니
외세 침탈은 당연지사

반만년 역사의 유일한 한민족
고요한 아침의 나라 금수강산을
어느 누가 넘보지 않으리

오호, 통제라!
온몸이 떨리고 경련이 나는구나

수신제가 치국이면 평천하라 했던가
강건한 왕권과 속 깊은 혜안의 리더십으로
흔들림 없는 국정 살피면
이런 치욕의 날 있었을까

두 번 다시 이런 날 아니 될 것이다
한번으로, 단 한번으로 끝맺음 해야한다

역사의 한 페이지는
이렇게 뜨거운 눈물로
흔적이 남았다

부끄러운 민족이여!
통탄할 조국이여!

노심초사

심연(深淵) 속 꽃 노다지
무슨 꽃으로 어떤 작품 만들지
그나마 글쟁이라
조금은 알지만

캐고 또 캐어
공판장 내다 놓으면
맛있다 이쁘다 신선하다
구름같이 몰려와야 할 텐데

고민 또 고민
그것이 문제로다

시작(詩作)이 시작(始作)으로
끝날 것인가
두고두고 회자 될 것인가

고민 또 고민
그것이 걱정이다.

돌멩이 2

툭툭 차면
굴러가는 못난 놈

모양도 감정도 없는 게
어느 곳이든
널부러져 있는 딱정이

쪼개고 갈고
내 맘대로 앉혀도
군말 없이 따라 주는
배알도 없는 녀석

무뚝뚝하지만
웃음 없지만
변함없는 진국

언제나 찾아도
어디서나 반기는
산소 같은 녀석

비가 오나
눈이 오나
변함없는 미련한 녀석

네가 좋더라.

인생사

말린다고 오는 해가 돌아서 오겠냐만

아무리 힘들어도 제몫은 다해 보세

닦고 또 조이다 보면 앗쌀하게 되잖은가

세상사 부대끼며 사는 게 인생인데

욕심을 부려 봤자 제 몸집 흠집 나니

스스로 마음 비우고 순리대로 살아가세.

욕심

세상 욕심 가지려
왼손 한 움큼 쥐었더니
어느새 오십 오년

이곳 저곳
빈 곳간 채우려
오른 손 한번 더
움켜쥐면
백 십년 될려나?

오호라,
욕심일까?
어리석음일까?

세월아

으랏차차—
꿈쩍 않던 시간 술렁인다

누구도 들지 못한
아무도 하지 않던 마술을
너무나 얄미워
과거로 옮겨 볼까
힘차게 들어본다

으랏차차—
핏대 올리며 드는 순간
세월과 정면으로 맞닥뜨린다

움찔하는 시간
기세에 억눌린 세월
엉덩이 살짝 들어 주는 듯
경련 일더니
이내 물 흐르듯 평온을 찾는다

들었다 놓았다
용쓰는 재주
나만 싱거운 사람 되고
대세는 귀엽다는 듯
미소만 지우며
묵묵히 제 갈 길만 간다.

맛있는데, 우울하다

저녁엔 라면이 그렇게 먹고 싶어
굵은 파 송송 썰어
버섯, 콩나물, 미나리, 떡 사리 넣고
계란 풀어 진수성찬 만들어
쟁반에 김치 더불어
시원한 국물 맛에 침 다시며
티브이 앞에 앉았다

혹시나 하며 9시 뉴스 채널 돌리는데
헤드라인 뉴스가 찌끈찌끈 머리를 때린다

"탈주범 체포, 주부 은행 강도 검거,
간첩단 소식, 샌님들 평양 방문,
여대생 낙태 수술 사망,
살인 멧돼지"

한숨부터 나오는 정치, 경제권 소식까지
선량한 시민들은 묵묵히 걸어가는데
뭐가 어디서부터 어떻게 잘못 되었는지
온통 시궁창 냄새뿐이다

신문 안 본지 오래 되어
티브이 만났건만
괜한 헛걸음에
속이 불편하다

입맛 당기는 소식 하나 없다
하지만
정성껏 만든 작품
라면 맛은 최고였다.

거리의 영웅들

— 서울역 노숙자

지나는 이
오가는 이
힐끔 힐끔
영웅들을 만난다

그래도
지하도 기둥 사이
박스 집 짓고
한 몸 뉘인 이는
영웅 중의 영웅이다

어찌 할까!
꼬질 꼬질
푸석 푸석
때꼬장 물이 줄 줄

깔끔 떨던
몸뚱아릴진데
무슨 사연 그리 많은지

고귀한 육신
알콜에 절여
지하도 입구
차거운 보도블럭 위에
한 몸 내팽겨쳤다

오지나 말지
왔거든
작은 행복
큰 기쁨 가꾸어 가지

인간이라
쫄라당
과욕심 부린 걸까?

갖가지 사연들
삼삼오오
소주 잔 비우며

불세출의 영웅인 양
훈장들을 풀어 놓는다

아이구야!
거리의 천사
그들은 모두가
고집 센 영웅들이다.

까닭은?

동쪽에서 오른 해
왜 서쪽으로 기우는지
난 모르겠다

혈기 왕성 푸릇한 난초 잎
왜 제 맘대로 늘어진 건지
난 모르겠다

밤 지나면 낮 오고
왜 어둠 뒤 밝음 있는지
난 모르겠다

알몸으로 와 돌아갈 땐
왜 옷을 입는지
난 모르겠다

어디가 시작인지
어느 곳이 끝인지
어디서 만나는지
도대체 난 모르겠다.

미안해

때때로
지난 세월
뒤돌아보면
나름의 기대치가
선명치 않아
후회보다
화가 일어나기도 한다

항상 그러하듯
당신에겐
기다리라 말도 못하고
답답한 가슴만 쓸어내린다

우리 만난 지 몇 해던가
서로에게 재촉하지 않아도
적금 든 맘처럼
푸근하게 감싸 주는데

가끔은,
나도 사람이라

강태공의 희열만큼이나
설레임을 맛보고 싶어
맘에도 없는
투정꾼이 되기도 한다

믿음은 잔잔한 물결이요
투정은 바람난 호수라
지나고 보면
자신에 대한 불만과
욕심이란 걸 알면서도
끝없는 욕망이란 걸 알면서도
인내 해준 당신에게
참아준 당신에게
고맙단 말도 못하고

내 방식대로
돌아서는 날 보며
후회만 키운다.

말言이란 놈

"말(言) 한마디 천냥빚 갚는다"

방식과 관점의 주인에 따라
왜곡되기도
부풀려지기도
무시되기도

서로를 이어주는 유일한 수단
하나 되기도
둘이 되기도
천사 되기도
악마 되기도

원망하지 마세요
속상해 하지 마세요

곱씹어 보면
지혜가 넘쳐요

그래서,

그러므로,

속상해 하지 마세요.

시 쓰기 어렵다

사르르 아파온다
몇 일째 배앓이다
시원하게 쏟아지면
속 편할 텐데
소화제도 소용없다

입맛 당기는 대로
먹어 두면 때 걸러도
든든한 하루였는데
갈수록 배 아파온다

소화 불량이 잦다
세월 탓인지
운동 부족인지
요즘 들어
핑계가 무성하다.

요즘 세상사

글쎄,
그게 말이야

나도 잘 모르긴 한데
열이 나는 건 왜 그렇지?

〈서평〉

高靑明 시인
(한국문학작가연합회 회원)

글머리에

『그대 점 하나 그리고 싶다』를 독자 분들에게 논하기에 앞서 작가이신 전성재 시인님을 평소 뵈어오면서 느끼게 된 시인님의 인품을 말한다면, 전성재 시인님의 첫인상은 고고한 선비이시되 추상같은 기상이 앞서 범접하기 어려운 선비가 아니라 항상 입가에 인자한 미소를 머금은 자애로운 학자풍의 선비 같으신 분이 아니신가 싶다.

논어(論語)에는 "자왈(子曰), 교언영색 선인의(巧言令色 鮮仁矣)"라 적고 있다. 이 말의 뜻은 공자가 말씀하시길 교묘한 말과 아첨의 얼굴빛에는 어진 이가 적다. 라는 말인데, 한국문학작가연합이란 문학단체에 몸담고 오랜 세월 곁에서 뵌 전성재 시인님의 성품은 시인님의 시 "〈속옷〉 나는 속옷 한 벌 입는다/ 고급 싸구려 가릴 것 없이/ 편안한 한 벌이면 그만이다// 세상엔 각양각색/ 속옷들 많더라// 속옷 투구 삼아/ 창과 방패로 무장한/ 사람 많더라// 주요 부위 들킬까봐/ 한 겹 더 입는 사람// 깨끗한 척 으스대며/ 나대는 사람// 세상은 요지경// 나는 번듯한 겉옷도 싫다

/ 진득한 아주 편안한/ 속옷 한 벌이 좋다."에서 잘 나타나 있는 것처럼 약점을 숨기고 스스로 빛나 보이려 하지 않으시는 성품임을 엿볼 수 있는 바와 같이 꾸밈이나 허식에 얽매이지 않는 자애롭고 어진 분이셨다. 하기에 전성재 시인님으로부터 『애기별꽃』에 이은 시인님의 두 번째 시집인 『그대 점 하나 그리고 싶다』의 서평란을 채워 달래시는 말씀을 듣고 스스로 부족함을 잘 알고 있었기에 감히 펜을 들 수 없었으나 시인님의 맑으신 성정을 알기에 끝내 물러서지 못하고 작은 펜을 들게 되었다.

전성재 시인님은 개인적으로 존경하는 시인의 한 분이시지만 시인님의 시집을 접하실 독자 분들 앞이기에 존칭을 생략하고 '시인'이란 호칭으로 기술하고자 한다.

빌딩숲에 든 선비가 풍류(風流)를 읊어놓다

사전적 의미로 시를 말한다면, 시란? "자연이나 인생에 대하여 일어나는 감흥과 사상 따위를 함축적이고 운율적인 언어로 표현한 글이다." 라고 정의하고 있는데 시인의 시집에 담겨있는 시조와 또 시인의 선비풍의 성품과 풍류를 즐기는 듯한 시들로 보았을 때 시인의 시들을 말하기에 앞서 먼저 풍류에 대하여 살펴보았다.

풍류에 대한 최초의 기록은 신라시대 최치원의 난랑비서문(鸞郎碑序文)에 "나라에 현묘(玄妙) 도가 있으니 풍류(風流)라고 했다."라고 적고 있는데서 찾아볼 수 있는데 그 후, 삼국사기에서는 "우리 고유의 현묘한 도인 풍류에는 유(儒), 불(佛), 선(仙)의 삼교(三敎)를 포함하고 있다."라고 적고 있다. 그러나 이것이 후세로 내려오면서 현재는 풍류에 대하여 여러 가지 해석을 내놓고 있는데 여기에서는 시인의 선비풍의 풍류를 말하고자 함이기에 "풍월(風月)과 같은 뜻으로 음풍농월(吟風弄月)하는 시가(詩歌)와 관련짓기도 한다."라는 해석을 좇아 선비들의 일상에 지대한 영향을 끼쳤을 유교적(儒敎的) 측면에서 이해해 보려 한다.

이러한 관점에서 시인에게 있어 시세계의 저변에 자리하고 있을 시작(詩作)의 근원적 뿌리가 혹 시경(詩經)이 아닐까 싶어 살펴보니 시경(詩經)에서도 "시는 자연현상이나 사물에 대한 인간의 감정이 자연적으로 외부에 표현되는 것이다." 라고 정의되어 있었다.

시인은 이 같은 사전적 의미로서의 시의 정의에 충실하면서도 시집 『그대 점 하나 그리고 싶다』에서 선비의 풍모를 닮은 시인의 기풍을 고스란히 담은 시와 시조로 꿈과 희망, 사랑과 그리움, 자연과 고향, 그리고 사계(四季)의 아름다운 풍광들을 일상적인 언어 속에서 편안하고 서정적인 시어들을 취하여 다양한 시적 소재들에 대하여 꾸밈없이 노래하듯 읊조려 놓았다.

대개의 경우 사람들의 습성은 남 앞에 서면 조금 우쭐해 보이고 싶은 것이 보편적인 습성이기에 가능한 한 좀 더 어려운 어휘의 활용만이 자신의 위신을 세워주는 양 생각하기 쉬운데, 이는 비단 일상적인 인간관계에서 만이 아니라 시에 있어서도 경우에 따라 그렇지 않은가 싶다. 하기에 시작(詩作)에 있어서도 시적 감흥의 표현에 보다 전문적인 용어나 추상적인 어휘를 활용하여 자신의 지적 수준을 과시하려는 듯한 경향이 없지는 않을 것이나, 『그대 점 하나 그리고 싶다』에서 시인은 일상적인 언어들로 편안하고 서정적인 시어들을 취하여 꾸밈없이 노래하듯 시를 읊고 있는데, 이러한 시인의 시풍(詩風)은 그 근원적 뿌리를 시경(詩經)의 해설집에서 엿볼 수 있었다.

시경(詩經)의 해설집에 따르면 "시경(詩經)의 작풍(作風)은 주로 따사로우며 보드랍고, 야박하지 않으면서 함축성 있고 온자(溫慈)하다. 그리고 추상적인 언어를 사용하지 않고 현실적이며 구체적인 언어로써 소박하게 묘사하고 있다." 라고 적시(摘示)하고 있는데 시인의 시풍(詩風)이 바로 그러하다.

특히, 시인이 『그대 점 하나 그리고 싶다』에 담고 있는 주옥같은 시들은 단시조건 연시조건 정형시조의 율격을 고수함으로써 시의 운율을 통하여 독자들에게 시를 읊는 즐거움을 제공하고 있는데 이러한 운율적 즐거움들은 시인의 자유시 속에서도 고스란히 살아있어 독자들이 시인의 시를 읊조리는 속에서 자연스럽게 시인과 공감되는 감흥이 절로 일게 한다.

시인의 시에 살아있는 꿈틀거리는 운율성의 일례로써 시인의 「욕망」이란 시와 「어머니」란 연시조를 살펴본다.

> 「욕망」 먹어도/ 먹어도/ 허기진 삶이여// 채워도/ 채워도/ 부족한 욕망이여// 배워도/배워도/ 풋내 나는 영혼이여// 언제쯤/ 포만감으로/ 한번은 숟가락/ 쉬어 갈 수 있을까// 욕심이려니/ 사욕이려니// 비워지지 않는 인생이여.

> 「어머니」 엄마는 그랬었다 예전엔 몰랐었다/ 깍두기 하나라도 자식 목 넘겨주고/ 당신은 잔밥 기다려 맹물 말아 드셨네// 이렇

게 천치 같은 불효자 또 있을까/ 한번쯤 모자지간 뒤바꿔 해봤으면/ 어머니 생각만 하면 속가슴이 욻니다.

인간의 욕망에 대하여 관조하고 있는 「욕망」이란 시를 보면, 시는 읽는 것이 아니라 운율이 있기에 낭송한다고 말을 하는데 두운(頭韻)을 갖고 있는 이 시는 굳이 낭송하려 애쓰지 않고 그저 책을 읽듯 읽기만 하면 시에 내재된 운율에 의하여 절로 노래하듯 읊어지게 됨을 알 수 있다. 또한 시인이 지극한 효자임을 엿볼 수 있는 여러 시들 중 하나인 「어머니」란 연시조를 보면 3 · 4 3 · 4/3 · 4 3 · 4/3 · 5 · 4 · 3//3 · 4 3 · 4/3 · 4 3 · 4/3 · 5 · 4 · 3조로 율격이 뛰어난 정형시조의 전형을 보여주고 있다.

시에는 운율이 있어 개중에는 곡을 붙여 노래로 애창되고 있는 아름다운 시들이 다수 있기도 하지만 시조의 경우는 특히 정형화된 율격으로 인하여 예로부터 시조창(時調唱)으로 불리어져 오늘에 이르고 있을 만큼 율격이 뛰어난 장르라 할 것이다. 그래서 시인들은 시작(詩作)보다 시조의 작법(作法)이 더 어렵다고 말들을 하곤 한다. 왜냐하면, 시조의 경우 정형화된 율격이란 족쇄에 맞추어 시적 감흥을 표현하여야 하는 까닭이다.

이는 시작(詩作)에 있어 운율을 살린다는 것이 얼마나 어려운 일인가를 대변해주는 말이라 할 것이다.

시인의 시집을 논함에 있어 운율을 앞서 말함은 근래 발표되는 자유시들이 굳이 산문시와 같이 운율보다 시적 감흥의 표현에 중

점을 둔 시를 예로 들지 않는다 하여도 시의 아름다운 운율이 많이 퇴색된 듯한 느낌을 주고 있는데 반하여 시인의 시들의 특성은 풍류를 즐기며 음풍농월하기 좋을 만큼 운율을 중요시하고 있는 까닭이다.

언젠가 시인이 멋들어지게 색소폰을 들고 지인들과 더불어 연주를 하고 있는 사진 한 장을 본적이 있었는데, 색소폰을 직접 연주 할 만큼 음악을 사랑하고 즐기는 시인이었기에, 시에 있어 누구보다 더 운율을 중시할 수 있었지 않나 싶다. 그래서 시인은 시작(詩作)을 함에 있어 누구보다 많은 고뇌를 하지 않았을까 싶은데 이러한 시인의 고뇌하는 모습을 시집 속 몇몇 작품들을 통하여 엿볼 수 있었기에 그 중 하나인 「노심초사」란 시를 살펴보겠다.

> 「노심초사」 심연(深淵)속 꽃 노다지/ 무슨 꽃으로 어떤 작품 만들지/ 그나마 글쟁이라/ 조금은 알지만// 캐고 또 캐어/ 공판장 내다 놓으면// 맛있다 이쁘다 신선하다/ 구름 같이 몰려와야 할 텐데/ 고민 또 고민/ 그것이 문제로다/ 시작(詩作)이 시작(始作)으로/ 끝날 것인가/ 두고두고 회자 될 것인가// 고민 또 고민/ 그것이 걱정이다.

상기 시를 살펴보면 시작(詩作)에 임하는 시인의 마음과 고뇌가 꾸밈없이 드러나 있다.

시인은 시인의 가슴 깊숙이 자리한 시의 소재가 무궁무진함을 '심연(深淵)속 꽃 노다지'란 신선하고도 아름다운 시적 표현을 통하여 말하고 있는데, 이 시를 처음 대면하여서는 그처럼 멋진 시어가 구사되었음에도 불구하고 연이어지는 세속적인 표현들 - '글쟁이라/조금은 알지만'에서와 같이 시적 소재들을 발굴하고 가공하는 시인으로서의 자신을 비하하듯 낮추고 겸손해 하더니 연이어, 수많은 작품들이 발표되는 치열한 현실 속 현장을 '공판장'에 비유하며 시를 파닥거리는 어물전 생선인 양 어찌하면 독자들로부터 '맛있다 이쁘다 신선하다'라고 호평을 받고 선택되어질 수 있을까를 꾀하는 장사치의 속된 마음이 엿보이는 듯싶어 본인 또한 어설프나마 시작(詩作)을 하는 사람들 중 한사람으로써 그저 그래보였었는데, 천천히 다시금 시를 음미하면서 시인의 시에 대한 깊은 고뇌와 또 시 발표장의 현실을 신랄하게 풍자한 것임과 동시에 그 어떤 시인이든 시작(詩作)을 하는 모든 이들이 품고 있을 포부를 거리낌 없이 내보일 수 있는 시인의 진실된 성품의 발로임을 깨닫는 순간 시작(詩作)에 앞서 어떤 시어를 취할 것인가, 또 어찌하면 후세에 길이 남을 멋진 대작시를 탄생시킬 수 있을 것인가에 대하여, 노심초사하며 깊이 고뇌하느라 미간을 찌푸리고 있었을 시인의 모습에 절로 미소 지어지며, 시인의 바람처럼 시인의 시에서 참맛을 발견하고 시인의 시들이 이쁘고 신선하다는 것을 느끼는 독자들이 구름과 같이 몰려들길 기원해 보았다.

시경(詩經)에 이르길 "시(詩)에는 풍(風), 부(賦), 비(比), 흥(興), 아(雅), 송(頌) 등의 육의(六義)가 있는데 이들 육의(六義)

중 풍(風), 아(雅), 송(頌)은 시의 내용과 성질을 말함이며 흥(興), 비(比), 부(賦)는 시의 체제와 서술방식을 말함이다." 라고 정리하고 있는데 여기서 시의 내용으로 분류한 것 중 아(雅)는 대아(大雅)와 소아(小雅)로 분리되어 조정에서 군신(君臣) 간의 향연에 노래되거나 또는 사대부가 위정자의 학정을 근심하는 격한 풍론(諷論)의 시가 주류를 이루고 있고, 송(頌)은 종묘제례에서 조상의 덕을 칭송하거나 신(神)의 마음을 위로하는데 활용되던 것이기에 선비들의 풍류로 맥을 이어왔을 풍(風)으로써 시인의 시 세계를 짚어보고자 한다.

풍(風)을 가리켜 시경(詩經)에서는 국풍(國風)으로 표기하고 있는데 여기서 풍(風)이란, "위에서는 풍(風)으로써 아래를 풍화(風化)하고 아래는 풍(風)으로써 위를 풍자(諷刺)하여 마치 바람이 눈에는 보이지 않으나 움직여서 초목을 흔들리게 하듯 노랫소리는 전하여 퍼져서 사람의 마음을 흔들어 움직이게 하며, 애타는 생각을 노래로 불러 사랑하는 이의 마음을 움직이게 하거나 혹은 민중의 원성이 어느덧 노랫소리로 화해 위정자의 귀를 울려 그 반성을 촉구하거나 또는 일족(一族)의 기원을 노래해서 신(神)의 마음을 움직이게 하려는 각국의 음악이다." 라고 기술하고 있는데, 이에 뿌리를 둔 선비들의 시가(詩歌) 속 풍류로써 시인의 시를 바라볼 때 비로소 시인의 시세계를 조금이나마 이해할 수 있지 않나 싶다.

선비의 풍류적 시풍(詩風)에 맥이 닿아있는 시인의 시들 중 몇

몇을 들춰보면 시인은 독자들에게 '뭐는 뭐가 정답이니 따라라!' 하는 식의 오만한 시적 구사를 하지 않았음에도 불구하고 독자들로 하여금 자신도 모르게 시인의 사고(思考)에 젖어들게끔 유도하고 있는데 한 예로 「3일」이란 시를 살펴보자.

> 「3일」 오늘이란/ 살아있는 날/ 오감의 느낌 공간이다// 어제란/ 지나간 시간/ 소멸된 청춘이다// 내일이란/ 어제와 오늘이 맞이할 미래 손님이며/ 무언가 꼼지락거릴 꿈의 날이다// 그저 그렇게 보내고/ 때워 가고/ 허망하게 지낼 3일이라면// 죽음조차 아깝고/ 생명이라 부를/ 존재와 가치마저/ 논하지 말아야 한다.

시인은 상기 시에서 과거, 현재, 미래를 어제, 오늘, 내일의 3일로 축약해 놓고 과거, 현재, 미래로 대변되는 생애의 날들에 있어 생을 어찌 살아가야 할 것인가에 대하여 시인 자신의 각오를 밝혀놓고 있는데, 이러한 시인 자신의 삶의 철학이 담긴 각오가 독자들에게 '삶은 이렇게 살아야만 한다.'라고 강요하지 않았음에도 불구하고 시를 음미하는 독자들로 하여금 마치 자기에 대한 맹세를 다짐하듯 자연스럽게 각인되도록 시작(詩作)을 함으로써 삶을 대하는 바른 자세로서의 교훈적 심상을 전하고 있다.

논어(論語) 양화편(陽貨篇)에서는 시에 대하여 "자왈(子曰)-소자하막학부시(小子何莫學夫詩) 시(詩), 가이관(可以觀) 가이군(可以群) 가이원(可以怨) 근지사부(近之事父) 근지사군(遠之事君) 다식어조수초목지명(多識於鳥獸草木之名)"이라 적고 있는데, 이 말은 '공자(孔子)가 말씀하시길-시는 감흥을 일으키며, 사물을 살필 수 있게 하며, 무리와 어울릴 수 있게 하며, 불의를 원망 할 수 있게 하며, 가까이는 부모를 섬기고 멀리는 임금을 섬길 수 있게 하며, 새와 짐승, 풀과 나무의 이름을 많이 알 수 있게 한다.' 라는 뜻인데 여기서 공자의 말씀 내용 중 새와 짐승, 풀과 나무의 이름을 많이 알 수 있게 한다는 것은 시를 통하여 새로운 지식을 접하게 된다는 말일 것이다. 이처럼 시를 통하여 독자들에게 새로운 정보를 전하고 있는 시인의 시의 한 예로 「2009 세계 도자 비엔날레」란 시를 살펴보겠다.

「*2009 세계 도자 비엔날레」 철쭉 꽃 붉게 타오르는/ 설봉산 자락// 지구촌 도예인, 도자들 모두 모여/ *사색의 조화 이루는/ 형형색색의 도자 잔치 마당// 동서양 피부색은 달라도/ 흙으로 빚은 도자는 하나// 탄성과 경이로움의 새 세상/ 어찌 놀라지 않을 수 있으랴// 흙의 요술인가/ 불의 조화 인가/ 도자로 탄생된 신비의 요물// 세계 도자 비엔날레/ "불의 모험" 잔치는/ 새로운 도자 세계의 웅대한/ 창조의 불꽃 마당이다.

*사색 : 도자 탄생의 기본 소재인 자연의 흙, 불, 물, 바람의 4가지 요소.

*세계 도자 비엔날레 : 경기도 이천, 광주, 여주에서 2년마다 개최되는 세계 최고, 최대의 도자기 축제. (2009년에는 4.25-5.24일까지 30일간 열림)

시인이 칭송한 이 시를 통하여 독자들은 '세계 도자 비엔날레'가 언제, 어디서, 얼마동안 열리게 되는가에 대한 기본 정보뿐만 아니라 축제의 성대한 규모와 매 2년마다 열리게 된다는 것 외에도 도자기에서 말하는 사색이란 도자기 탄생의 4가지 요소로써 흙, 불, 물, 바람을 말함임을 알게 된다. 여기서 시인이 말한 도자기 탄생의 4요소인 '사색'은 고대 그리스의 밀레토스학파 철학자 아낙시만드로스(Anaximandros)가 만물의 근원이라 말한 물, 불, 공기, 흙과 일치하는데 이러한 요소들이 독자들로 하여금 하나의 생명을 지닌 예술품으로써 도자기 탄생의 신비감을 더하며 한번쯤 성대한 '세계 도자 비엔날레'를 관람하고 싶다는 욕구를 자극하고 있다.

시인의 시집 『그대 점 하나 그리고 싶다』에 담겨있는 시인의 시와 시조들을 시의 시제(時題)와 소재(素材)에 따라 살펴보면 다수의 작품들이 그리움과 사랑의 정한 속에서 목가적(牧歌的) 안빈낙도(安貧樂道)의 삶을 추구하며 때로는 존재에 대한 철학적 의문을 던지고 있는데 그 중 몇 작품을 살펴보겠다.

> 「별과 꽃」 그대는 나를 별이라 하더니/ 꽃이라 한다// 하늘별은 그리움과 사랑이/ 올라가 핀 꽃이요// 땅에 핀 꽃은/ 눈물과 애절함이 환생한/ 영롱한 별이다// 오늘도 그대는 나를/ 별이라 하더니/ 꽃이라 부른다.

시인의 시집 속에는 유독 사랑과 그리움에 대한 아름다운 시들이 많은데 「별과 꽃」이란 이 시 앞에서는 한참을 머물 수밖에 없었다.

시인의 시 속에서 '그대'는 시인 자신이며 '나'는 시인의 내자이다. 즉, 시인의 시를 음미할 부인을 위해 시인은 시적 인칭을 뒤바꿔 놓는 배려를 함으로써 시인이 부인을 얼마나 애틋하게 사랑하는가 하는 마음을 정서상의 변환장치 없이 직접적으로 강렬하게 전하고 있는 것이다. 그리고 '별'과 '꽃'은 하나이지만 서로 다른 명칭으로 불리고 있는데 여기서 '별'은 연애시절 시인의 꿈이자 그리움의 대상으로써의 부인이며 '꽃'은 인생의 동반자로서 삶의 역경을 함께 하는 사랑스럽고 아름다운 부인의 현재인 것이다.

상기 시는 시인의 시적 미의식(美意識)이 돋보이는 빼어난 작품 중 하나임에 틀림없다.

> 「이런 날 저런 날 행복한 날」 이런 날 있었으면 좋겠다// 빗 물 받아 쌀 헹궈/ 노을 퍼다 불 지피고/ 손닿는 대로 야생 초 뜯어/ 찬거리 만들어/ 심심 하면 눈물 한 방울/ 간을 맞추고// 그런 날 있었으면 좋겠다// 산머루 오디 따다 간식 하고/ 옥수수 꺾어 새참 열어/ 달 뜨면 반딧불이 초대해/ 별과 함께 달과 함께/ 사랑 불러 재잘대다/ 아침 해 만났으면// 그런 날 있었으면 좋겠다// 사랑아 이런 날 저런 날/ 이게 바로 행복한 날 아니겠니.

상기 시에서 시인은 목가적(牧歌的) 안빈낙도(安貧樂道)의 삶을 그리워하는 낭만주의자임을 확인할 수 있다.

과거 농경산업사회에서 단기간에 걸쳐 고도산업사회를 이룩한 현재의 중 · 장년층 이상의 세대들은 대부분 고향이 도회지가 아닌 사람들인데, 시집 속 다수의 작품들이 시인 또한 그렇다고 말하고 있다. 하기에 수구초심(首丘初心)이란 말을 떠올리지 않더라도 울 너머로 빈약한 쪽박이나마 정이 넘나들던 시절을 기억

하고 있는 많은 이들이 인간성 상실로 대변되고 있는 산업화의 최심장부인 도심을 벗어나고 싶은 로망(roman)을 하나씩은 지니고 있을 텐데 시인은 이 시를 통하여 자연과 더불어 음풍농월하는 삶을 행복한 삶으로 동경하면서 시인과 동질감을 공유하고 있을 수많은 독자들을 대변하고 있는 것이다.

> 「까닭은?」 동쪽에서 오른 해/ 왜 서쪽으로 기우는지/ 난 모르겠다// 혈기 왕성 푸릇한 난초 잎/ 왜 제 맘대로 늘어진 건지/ 난 모르겠다// 밤 지나면 낮 오고/ 왜 어둠 뒤 밝음 있는지/ 난 모르겠다// 알몸으로 와 돌아갈 땐/ 왜 옷을 입는지/ 난 모르겠다// 어디가 시작인지/ 어느 곳이 끝인지/ 어디서 만나는지/ 도대체 난 모르겠다.

상기 시에서 시인은 존재에 대하여 의문을 던지고 있음을 볼 수 있는데 시인이 의문을 품고 있는 시의 핵심은 사람이다. 즉, 사람의 탄생과 죽음으로써의 소멸에 대한 의문인 것이다.

인간은 스스로 알 수 없는 생 · 사관(生 · 死觀)을 종교에 의탁하여 해결하려 하고 있지만 시인은 그러질 못하고 있다. 왜냐하면, 인류 문명의 암흑기로 평가받고 있는 중세에 있어 스콜라철학을 대표하는 토마스 아퀴나스(Thomas Aquinas)는 "철학은 신학의 시녀다."라고 선언했는데 시인에게 있어 자유로이 사고(思考) 할 수 있는 철학(哲學)이야말로 시인의 시작(詩作)에 있어 숨쉬는데 없어서는 안 될 산소 같은 존재인 까닭이다.

자연을 벗 삼아 음풍농월하는 자연스런 풍류를 염원하고 있는 시인에게 있어 종교에의 귀의는 이러한 시인의 시세계에 있어 죽음을 선고하는 것과 같기에 신에게 시인의 사고를 의지하는 순간 '제멋대로 잎을 늘어뜨린 푸른 난초 잎'도 시적 탐구의 대상이 아닌 단지 신의 섭리에 지나지 않는 찬양의 대상일 수밖에 없는 것이다.

하기에, 시인은 종교에서 정의하고 있는 인간의 탄생 그리고 죽음에 이은 사후의 세계를 수용치 않고 스스로에 대하여 질문을 던져 놓고 끝없이 내적으로 탐구를 하고 있는 것이다.

이러한 시인의 철학적 바탕은 예수, 석가모니와 더불어 세계 삼대성인(三大聖人)의 한사람으로 추앙받는 공자를 조종(祖宗)으로 하는 유교(儒教)가 종교가 아님에서 엿볼 수 있지 않나 싶다.

유교가 종교가 아님은, "공자는 제자들이 '사람은 죽어서 어찌 되느냐'고 여쭙자 '내일의 일을 모르는데 어찌 죽어서의 일을 알 수 있겠느냐'라고 답하셨다 한다."라는 말에서처럼 유교(儒教)가 사후관(死後觀)을 갖고 있지 않은 까닭인데 시인 또한 유교적 사상의 뿌리를 품고 있는 선비인 탓인지 신앙인(信仰人)으로써의 사후관(死後觀)을 정립하지 않고 인간 본연의 모습으로써 자신을 탐구하고 나아가 사물들을 탐구함으로써 휴머니즘(humanism)에 입각한 시인만의 자유롭고 순수한 시적 세계를 펼치고 있는 것이다.

시경(詩經)에서 풍(風)을 설명하는 말 중에 "민중의 원성이 어느덧 노랫소리로 화해 위정자의 귀를 울려 그 반성을 촉구하거나"라는 구절이 있는데 과거 선비들의 곧은 지조를 말함에 있어

"목에 칼이 들어와도 할 말은 한다."라는 얘기가 있는 만큼 선비들이 풍류를 즐기며 음풍농월하는 중에 폭정(暴政)을 비판하거나 우회적으로 풍자한 시가(詩歌)들이 없을 수 없었고 또 시인의 시들 중 몇몇이 현대인의 삶속에 소외된 이들을 그리고 있음에 불구하고 위정(爲政)에 관하여 직접적으로 서술한 시가 확 눈에 들지 않는데 마지막으로 시인의 단시 하나를 더 살펴보겠다.

「요즘 세상사」 글쎄,/ 그게 말이야// 나도 잘 모르긴 한데/ 열이 나는 건 왜 그렇지?

시인은 상기 단시를 통하여 유구무언(有口無言)의 의무를 부여받은 이들의 심리적 갈등과 그 변화를 잘 보여주고 있는데 '세상사'에 대한 질문에 대하여 답하기 곤란한 심리를 '글쎄'란 한 단어로 묘사하고 또 '그게 말이야'란 말로써 상대와 동조하여 할 말이 있음을 내비치고 있다. 그러나 연 가름을 하는 짧은 시간 숙고하여 내린 결론은 질문에 대한 회피로써 '나도 잘 모르긴 한데'이다. 그러나 시인은 '열이 나는 건 왜 그렇지?'라고 반문함으로써 사실상 답을 하고 있다.

공자는 "지지위지지(知之爲知之) 부지위부지(不知爲不知) 시지야(是知也)"라는 말씀을 하셨는데 이는 '아는 것을 안다고 하고 모르는 것을 모른다고 하는 것이 옳게 아는 것이다.'라는 뜻이다. 그런데 현대 민주주의 체제하에서 모든 법이 언론의 자유를 말하고 있음에도 불구하고 헌법이 정한 바에 의하여 알아도 안다고 말 할 수 없는 이들이 생각 외로 많다.

시인을 비롯하여 정치적 중립의 의무로 인해 이에 관한한 유구무언(有口無言)일 수밖에 없는 공직과 이에 준하는 직에 적을 둔 분들이 바로 그러하다.

어설픈 필력으로 시인의 방대한 시세계에 대하여 논한다는 자체가 어불성설일 것이기에 시인에게 들은 바 있는 에피소드(episode) 한 토막을 말씀드리며 펜을 놓고자 한다.

"시인의 업무와 관련된 국제회의가 북경에서 있어 한국대표로 참석한 후 연회석에서 중국 고위층의 환영사 중 백거이인지 두보인지 당대 시인의 시를 인용하여 말씀하심에 절로 고조되어 각국의 대표단들이 자신을 스스로 소개하는 자리에서 시인은 자작시 한 수를 낭송하였는데 이로 인하여 예기치 않게 연회석의 모든 이들로부터 박수를 받게 되었다 한다. 시인은 이때만큼 시인으로써 기쁨과 자긍심을 느껴본 적이 없었다고 회고하였다."

논어(論語) 태백편(泰伯篇)에는 "자왈(子曰)-홍어시(興於詩), 입어예(立於禮), 성어악(成於樂)"이라 적고 있는데 이 말은 '공자께서 말씀하시길, 시(詩)에서 뜻을 일으키고, 예(禮)에서 뜻을 확립하며, 악(樂)에서 뜻을 이루노라.'라는 뜻인데 시인 또한 시를 통하여 시인의 고매한 포부를 담은 뜻을 널리 펼치게 되길 기원드려본다.

그대 점 하나 그리고 싶다

전성재 시집

발 행 일 | 2012년 10월 5일
지 은 이 | 전성재
발 행 인 | 李憲錫
발 행 처 | 오늘의문학사
출판등록 | 제55호(1993년 6월 23일)
주 소 | 대전광역시 동구 삼성1동 125-6 한밭오피스텔 401호
전화번호 | (042)624-2980
팩시밀리 | (042)628-2983
홈페이지 | http://www.lito77.co.kr(홈페이지)
전자우편 | hs2980@hanmail.net

공 급 처 | 한국출판협동조합
주문전화 | (070)7119-1741~2
팩시밀리 | (031)944-8234~6

ISBN 978-89-5669-519--8
값 8,000원